Dieses Buch kann alleine lesen:

Viktor Rauh

Abenteuergeschichten
zum Lesenlernen

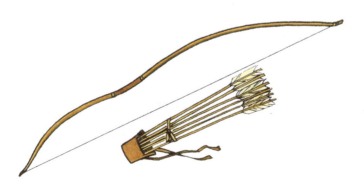

CARLSEN

Noch mehr Geschichten für Leseanfänger:

Piratengeschichten zum Lesenlernen
ISBN 978-3-551-06604-6

Tiergeschichten zum Lesenlernen
ISBN 978-3-551-06605-3

Pferdegeschichten zum Lesenlernen
ISBN 978-3-551-06607-7

Die **LESEMAUS** ist eine eingetragene Marke des Carlsen Verlags.

Sonderausgabe im Sammelband 1. Auflage 2011
Umschlagkonzeption und Illustration der Lesemaus: Hildegard Müller
Lesemaus-Redaktion: Anja Kunle
Umschlagillustration: Astrid Vohwinkel
Druck und Bindung: Himmer AG, Augsburg
ISBN: 978-3-551-06609-1
Printed in Germany

Kleine Wolke, großer Bär
© Carlsen Verlag GmbH, Hamburg 2005

Die listigen Piraten
© Carlsen Verlag GmbH, Hamburg 2010

Zwei junge Samurai
© Carlsen Verlag GmbH, Hamburg 2008

Inhalt

Kleine Wolke, großer Bär 9

Die listigen Piraten 35

Zwei junge Samurai 61

Liebe Eltern 86

Kleine Wolke, großer Bär

Eine Geschichte von Julia Boehme
mit Bildern von Astrid Vohwinkel

„Was für ein blöder Name!", denkt Kleine Wolke. Wie kann man nur Kleine Wolke heißen?
Und dann noch als Sohn vom Häuptling. Wie konnte Papa das überhaupt zulassen?
Kleine Wolke hütet die Ponys und dabei hat er Zeit nachzudenken.
„Wenn ich wenigstens Große Wolke heißen würde", seufzt er.
Große Wolken können ein Gewitter mit Blitz und Donner bringen. Das wäre immerhin ein bisschen gefährlich.

Aber Kleine Wolke? Kleine Wolken
bringen höchstens einen Nieselregen …
Als Kleine Wolke abgelöst wird, läuft er
gleich nach Hause. Sein Vater sitzt vor
dem Tipi und raucht Pfeife.
Kleine Wolke setzt sich zu ihm.
„Kann ich nicht endlich einen
anderen Namen bekommen?",
fragt er.
Aber sein Vater, der Häuptling,
schweigt und zieht an seiner
langen Pfeife.

Am nächsten Morgen bei Sonnenaufgang
ist Kleine Wolke sofort wach.
Heute früh muss er wieder die Ponys hüten.
Am Nachmittag aber hat er frei.
Da will er in den Wald. Kleine Wolke liebt es,
alleine im Wald herumzustreifen.
Dabei beobachtet er die Tiere:
Kaninchen, Waschbären, Luchse, Biber
oder die großen Wapitihirsche.

Am liebsten schaut er aber nach den
Grizzlybären. Dieses Jahr hat eine Bärin
gleich zwei Junge bekommen.
Fast jeden Tag schleicht sich Kleine Wolke
zur Wiese am Bach. Dort, wo die Bärenmutter
ihre Höhle hat.
Auch heute pirscht er sich leise an die
Lichtung heran.
Genau wie er es von seinem Vater gelernt hat:
lautlos und immer gegen den Wind, damit
die Bärenmutter ihn nicht wittern kann.

Doch diesmal ist er nicht allein.
Es schleicht noch jemand im Wald herum.
Immer wieder hört Kleine Wolke lautes Knacken und Knistern.
Das können keine Indianer sein, die da durch den Wald laufen!
Und richtig: Kleine Wolke entdeckt zwei Bleichgesichter mit einem Gewehr.
Es sind Trapper. Das sieht man sofort.

Großvater hat viel von ihnen erzählt:
Sie stellen Fallen und jagen Tiere.
Viel zu viele Tiere. Denn sie jagen nicht,
weil sie Hunger haben, sondern um die
Felle in der Stadt zu verkaufen.
„Worauf haben sie es wohl abgesehen?",
überlegt Kleine Wolke. „Auf Waschbären
vielleicht?"
Er schleicht sich etwas näher an die
beiden Trapper heran, um sie zu
belauschen. Ganz vorsichtig, damit sie
ihn nicht bemerken.

„Die Felle der Jungen sind zwar klein, aber ganz weich", sagt der eine.
„Ja", lacht der andere. „Sicher werden wir einen guten Preis für sie bekommen. Für Bärenfelle zahlt man in der Stadt eine ganze Menge!"
„Bärenfelle?", denkt Kleine Wolke erschrocken. „Die beiden wollen doch nicht die Bärenjungen schießen!"
Kleine Wolke rennt schnell zur Bärenhöhle. Hoffentlich sind die Bären heute nicht zu Hause!

Doch die beiden kleinen Grizzlys spielen auf der Wiese vor der Höhle. Wie immer tollen sie herum und kugeln sich im Gras. Und die Bärin?

Kleine Wolke schaut sich um: Wo steckt sie bloß?

Die Bärenmutter watet im nahen Bach und fängt Fische. Sie hat keine Ahnung, was hier im Wald vorgeht. Sie hat nur ihre Lachse im Sinn. Kann sie denn nicht besser auf ihre Jungen aufpassen!

Kleine Wolke lauscht. Er hört die Trapper schon kommen. Was soll er nur machen?

Leserätsel

Wie heißt der Indianerjunge?
Schreibe alle Namen auf und kreuze den richtigen an.

Weiße   _ _ _ _ _

Kleine   _ _ _ _ _

Große   _ _ _ _ _

Kleiner   _ _ _ _ _

Kleine   _ _ _ _ _

Sein Vater ist …

☐ der Feigling.

☐ der Häuptling.

☐ der Bückling.

☐ der Hauptmann.

Verbinde die Bilder mit den passenden Begriffen.

Schuhe — Tipi

Bär — Grizzly

Zelt — Trapper

Fallensteller — Pony

Gewehr — Büchse

Pferd — Mokassins

19

„Da sind ja die Kleinen. Los, lad deine
Büchse!", hört Kleine Wolke den einen
Mann sagen.
Kleine Wolke schnappt nach Luft.
Er hat keine Zeit zu verlieren.
Er muss etwas tun – und zwar sofort.
Kurz entschlossen stürmt er los.
Runter zum Bach! Diesmal rennt er
mit dem Wind. Und beim Laufen stampft
er so laut auf, wie er kann. Denn jetzt
soll ihn die Bärin hören und wittern.

Und wirklich: Überrascht hebt die Bärin
ihren Kopf. Kleine Wolke ist schon beim Bach.
Er nimmt einen großen Stein und wirft ihn
im hohen Bogen ins Wasser. Platsch!
Dem Grizzly direkt vor die Nase.
Das lässt sich keine Bärin gefallen!
Mit einem gewaltigen Satz springt sie los.
Kleine Wolke rast auf das große Gebüsch
zu, hinter dem sich die beiden Trapper
verstecken. Und die Bärin jagt
hinter ihm her!

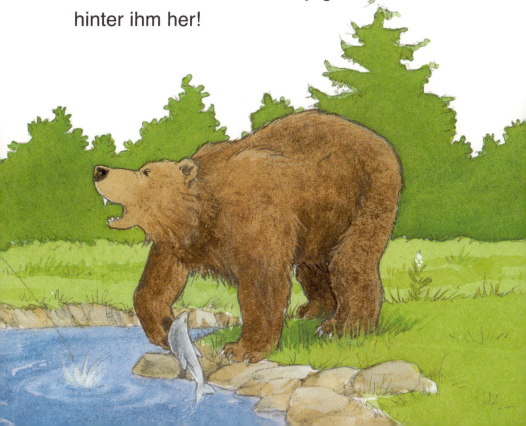

„Hilfe! Die Bärin kommt!",
brüllt schon der eine Trapper.
„Los, schieß!"
Der andere zielt auf die Bärin.
Doch er hat nicht mit dem
Indianerjungen gerechnet.
Im Vorbeirennen tritt Kleine Wolke
gegen das Gewehr.
Der Schuss kracht in die Luft.
Zum Nachladen ist keine Zeit.
Die beiden Männer fliehen
Hals über Kopf.

Kleine Wolke aber klettert blitzschnell
auf einen Baum. Puh! Gerettet!
Von hier oben sieht er, wie die Trapper
um ihr Leben rennen. Die Bärin ist ihnen
dicht auf den Fersen. Die beiden Trapper
laufen direkt auf einen Abhang zu.
Aber genau das ist ihre Rettung! In ihrer Not
springen sie vom Felsvorsprung und kullern
den Abhang hinunter. Da kann die Bärin
nicht hinterher. Wütend bäumt sie sich auf
und brüllt gefährlich.

Die Trapper kommen mit ein paar blauen Flecken davon. Aber so schnell werden sie sich nicht mehr in diesen Wald trauen. Da ist sich Kleine Wolke sicher.
Die Bärin trottet durch den Wald zurück. Doch plötzlich stutzt sie. Sie hat etwas gewittert. Kleine Wolke hält den Atem an, als die Bärin zu seinem Baum trabt.
Die Grizzlybärin richtet sich zu ihrer vollen Größe auf. Kleine Wolke schluckt. Sie ist viel größer als der größte Krieger! Und dann diese riesigen Pranken!
Und erst die Zähne!
Die Bärin schaut ihm direkt in die Augen. Kleine Wolke streift seine Schuhe ab.
„Mach, dass du wegkommst!", ruft er.
Und er ist kurz davor, ihr seine Mokassins auf die Nase zu werfen.

Da hebt die Bärin ihre Tatze. Gar nicht drohend, sondern eher so, als ob sie ihm zuwinken würde. Dann dreht sie sich um und läuft eilig zu ihren Jungen.

Später am Lagerfeuer erzählt Kleine Wolke sein Abenteuer. Alle Indianer hören gespannt zu.
Als Kleine Wolke fertig ist, zieht sein Vater, der Häuptling, nachdenklich an seiner Pfeife.

„Du sollst einen neuen Namen bekommen",
sagt er dann.
„O ja!", jubelt Kleine Wolke. „Welchen denn?"
„Flinker Bär", sagt sein Vater bedächtig.
Flinker Bär strahlt. Seinen neuen Namen
will er nicht mehr eintauschen.
Nie im Leben!

Leserätsel

Wie lautet der neue Name von Kleine Wolke? _ _ _ _ _ _ _ _ _ _ _

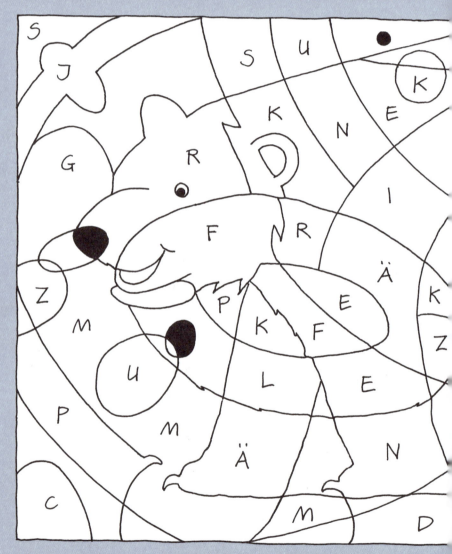

28

Male alle Felder aus, in denen ein Buchstabe des neuen Namens steht. Was siehst du?

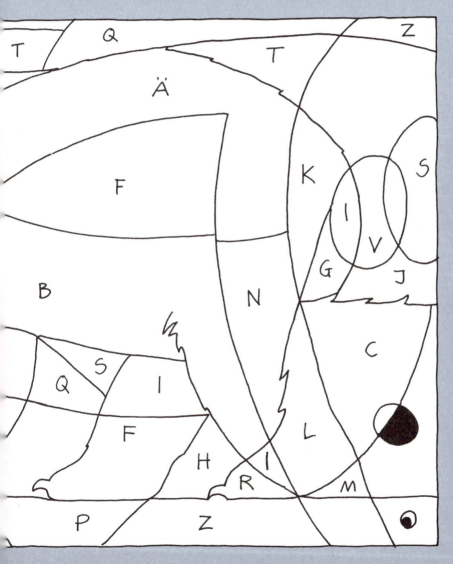

29

Infoseite

In dieser Landschaft und mit diesen Tieren lebt Flinker Bär mit seinem Stamm.

Lösungen

S. 18/19:
Der Indianerjunge heißt Kleine Wolke.
Sein Vater ist der Häuptling.
Schuhe – Mokassins
Bär – Grizzly
Zelt – Tipi
Fallensteller – Trapper
Gewehr – Büchse
Pferd – Pony

S. 28/29:
Der neue Name von Kleine Wolke lautet
FLINKER BÄR.
Wenn du alle Felder richtig ausgemalt hast,
siehst du den Bären.

32

Die listigen Piraten

Eine Geschichte von Christa Holtei
mit Bildern von Günther Jakobs

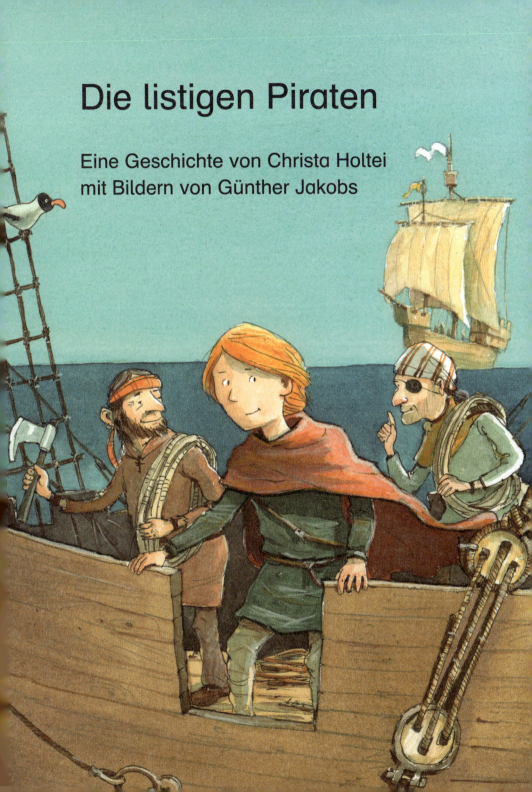

Jan lebt auf einem Segelschiff.
Es heißt „Sturmbraut" und gehört Piraten!
An diesem Morgen liegt Jan
auf seinem Strohsack unter Deck.
Er hat sich fest in seinen
Wollumhang gewickelt.
Hier unten ist zwar kein Wind,
aber er zittert trotzdem vor Kälte.
Warum ist er bloß Schiffsjunge geworden?

Jan hat die Nase voll von Abenteuern.
Und er hat einen guten Grund dafür.
Das Schiff sitzt im Eis fest und
kann nicht weiterfahren.
Die Piraten sind verzweifelt.
Es ist bitterkalt auf der Ostsee.
Was sollen sie nur tun?

Jan hat nicht viel Zeit zum Grübeln.
„Da kommt ein Schiff!", hört er Nils schreien.
Der Pirat sitzt hoch oben im Mastkorb.
Der Ausguck ist über dem großen Segel.
Von dort aus kann Nils weit über das Meer
schauen, bis zu der Stelle,
wo keine Eisschollen mehr sind.

Jan rennt an Deck.
„Was für ein Schiff?", ruft Hugo,
der Piratenkapitän.
Er steht auf dem Kastell.
Das ist das kleine Deck über seiner Kajüte.

Jan sieht, dass der Kapitän zornig ist.
Das hat gerade noch gefehlt! Ein Schiff!
Und die „Sturmbraut" kann nicht fahren.

Nils kneift die Augen zusammen und starrt zu dem fremden Schiff hinüber.
„Es ist eine Kogge!", schreit er.
„Und es sind Bewaffnete an Bord.
Ich kann Waffen blitzen sehen!"
Hugo runzelt die Stirn.
„Was heißt das?", fragt Jan.
„Das heißt", brummt der Kapitän,
„dass sie uns bekämpfen wollen."

„Und das können sie auch", sagt er.
„Man kann über das Eis laufen!
Und wir können nicht weg!"
Prüfend schaut der Kapitän zur Kogge.
Alles ist ruhig.
„Sie beobachten uns wohl erst.
Und morgen greifen sie uns an."
Jan fährt der Schreck durch alle Glieder.
Das hört sich sehr gefährlich an!

Leserätsel

Wie heißt das Piratenschiff?

- N Sturmfrisur
- C Piratenbraut
- A Sturmbraut

Warum ist der Kapitän zornig?

- R Weil Nils im Mastkorb sitzt.
- C Weil sein Schiff im Eis festsitzt.
- S Weil Jan ein Eis isst.

Wo ist der Ausguck?

- H Über dem Segel.
- E Unter Deck.
- R In der Kajüte.

Was hat Nils entdeckt?

- [U] Einen Wal.
- [R] Eine Nixe.
- [T] Ein Schiff.

Die Buchstaben neben den richtigen
Antworten verraten dir, wie alt Jan ist:
__ __ __ __ Jahre.

Wie heißt das kleine Deck über
der Kapitänskajüte?
Bringe die Schneebälle in die
richtige Reihenfolge!

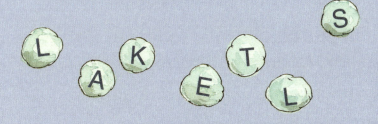

__ __ __ __ __ __ __ __

Plötzlich lacht der Kapitän.
Jan schaut ihn fragend an.
„Ich habe eine Idee!", sagt Hugo.
„Wir überlisten sie!"
Schnell ruft er alle Piraten zusammen.
Nur Nils muss oben im Ausguck bleiben.
Er soll die Kogge weiter beobachten.
„Ihr geht über das Eis an Land und
fällt junge Bäume!", befiehlt Hugo.

„Bringt die Stämme hierher und
stapelt sie um das Schiff herum."
Zu zwei besonders starken Piraten sagt er:
„Ihr nehmt Hacken und schlagt Löcher
in das Eis. Wir brauchen Wasser."
„Was ist das für eine List?", überlegt Jan.
Aber alle tun, was der Kapitän sagt.
So ist das bei Piraten.

Vorsichtig gehen die Piraten über das Eis.
Hugo hat Recht. Es ist dick und trägt sie.
Sie können sicher bis zur Küste laufen.
Die Piraten haben Äxte und Taue dabei.
Ein Wäldchen wächst fast bis zum Strand.
Schnell fällen die Männer einige junge Bäume.
Die Stämme sind noch dünn.
„Wie bekommen wir die Stämme zum Schiff?",
fragt Jan.

„Ganz einfach", antwortet ein Pirat.
„Wir ziehen sie an Tauen über das Eis."
Die Arbeit ist anstrengend.
Trotz der Kälte kommt Jan ins Schwitzen!
Aber dann haben sie es geschafft.
Um die „Sturmbraut" liegen große Holzstapel.
Sie reichen fast hinauf bis an die Reling.
Was hat der Kapitän damit vor?

Jan klettert wieder an Bord.
Die zwei starken Piraten waren auch fleißig.
Sie haben große Löcher in das Eis geschlagen.
„Beeilt euch!", ruft Hugo.
„Gießt Wasser über das Holz,
bevor die Löcher wieder zufrieren!"
Und das tun die Piraten.

Auch Jan hilft mit.
Immer wieder schüttet er Wasser
aus seinem Eimer über die Holzstämme.
Ganz langsam gefriert das Wasser.
Schnell klettern die Piraten an Bord.
Bald hat sich ein rutschiger Wall
aus Eis und Holz um das Schiff gebildet.
„Jetzt können sie kommen!", grinst Hugo
und schaut hinüber zu der Kogge.

Leserätsel

Welche Bäume fällen die Piraten? Die Buchstaben auf den richtigen Bäumen ergeben das Lösungswort.

Die Piraten bringen die Stämme zur

_ _ _ _ _ _ _ _ .

Ordne den Sätzen das passende Ende zu!
Die farbigen Buchstaben verraten dir,
was die Piraten bauen.

① Jan gießt Wasser aus dem PIRATENKAPITÄN.

② Auf der Ostsee treiben LÖCHER.

③ Nils sitzt oben im EISSCHOLLEN.

④ An Bord der Kogge sind HOLZSTÄMME.

⑤ Hugo ist der EIMER.

⑥ Zwei Piraten schlagen BEWAFFNETE.

⑦ Die Piraten fällen MASTKORB.

Die Piraten bauen einen

_ _ _ _ _ _ _.
① ② ③ ④ ⑤ ⑥ ⑦

Am nächsten Morgen stehen die Piraten
mit ihren Waffen an Deck.
Aufmerksam beobachten sie die Kogge.
Sie ist dicht an das Eis herangefahren.
Dann kommen die Angreifer
zu Fuß über das Eis!
So einen komischen Piratenangriff
hat Jan noch nie erlebt.
Die Gegner sind nicht auf ihrem Schiff.
Sie schlittern und rutschen über das Eis.
Die Angreifer sind schon fast am Piratenschiff.

Da fallen einige von ihnen in die Eislöcher!
Die Löcher sind zwar wieder zugefroren,
aber das Eis ist noch zu dünn.
Die anderen Männer versuchen,
auf die „Sturmbraut" zu kommen.
Aber sie schaffen es nicht.
Sie rutschen an den vereisten
Stämmen ab.
Schimpfend ziehen
die Angreifer davon.
Hugo und seine Piraten
lachen sie laut aus.

Nils klettert wie der Blitz in den Mastkorb.
„Die Kogge segelt weiter!", schreit er.
„Wir haben sie vertrieben!"
Die Piraten jubeln.
Sie loben Hugo für seine List.
Der Kapitän grinst über das ganze Gesicht.
„Man muss sich nur zu helfen wissen",
sagt er zu Jan.

„Manchmal ist eine List besser als ein Kampf.
Niemand kommt zu Schaden und
wir behalten unser Schiff."
„Und unsere Freiheit!", schreit Nils
aus dem Mastkorb.
Und dann feiern die Piraten ihren Sieg
bis tief in die sternenklare, frostige Nacht.

Infoseite
Diese Schiffe gab es im Mittelalter in Nordeuropa:

Die Kogge
(9.–15. Jahrhundert)

Die Kogge ist ein Segelschiff. Im 13. und 14. Jahrhundert war die Kogge das Handelsschiff der Hanse-Kaufleute, aber auch Piraten und Freibeuter auf der Nord- und Ostsee benutzten sie. Die bauchigen Bordwände sind „geklinkert", das heißt, sie überlappen einander wie Dachziegel.

Der Holk
(9.–15. Jahrhundert)

Der Holk war ursprünglich ein breites Flussschiff. Mit der Zeit entwickelte sich daraus ein großes Segelschiff mit bis zu drei Masten, das Kaufleute und Piraten benutzten. Der Holk kann mehr Lasten aufnehmen als die Kogge, denn er hat einen breiten, flachen Boden. Die Bordwände sind auch beim Holk geklinkert.

Die Kraweel
(15.–16. Jahrhundert)

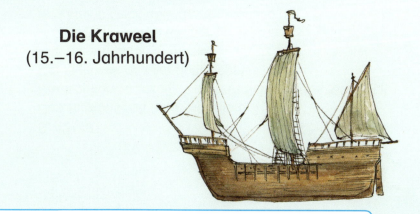

Aus der Kogge und dem Holk wurde die Kraweel entwickelt. Die Planken der Bordwände fügen sich nun glatt aneinander, so dass sie schneller segeln kann („kraweel" = Kante an Kante). Die Bauweise haben die Nordeuropäer von Spaniern und Portugiesen gelernt, die mit ihren Karavellen die Welt umsegelt haben.

Lösungen

S. 42/43:

Das Piratenschiff heißt Sturmbraut.
Der Kapitän ist zornig, weil sein Schiff im Eis festsitzt.
Der Ausguck ist über dem Segel.
Nils hat ein Schiff entdeckt.
Jan ist ACHT Jahre alt.
Das kleine Deck über der Kapitänskajüte heißt KASTELL.

S. 50/51:

Die Piraten fällen die jungen Bäume mit den dünnen Stämmen und bringen sie zur STURMBRAUT.

1. Jan gießt Wasser aus dem EIMER.
2. Auf der Ostsee treiben EISSCHOLLEN.
3. Nils sitzt oben im MASTKORB.
4. An Bord der Kogge sind BEWAFFNETE.
5. Hugo ist der PIRATENKAPITÄN.
6. Zwei Piraten schlagen LÖCHER.
7. Die Piraten fällen HOLZSTÄMME.
Die Piraten bauen einen EISWALL.

58

Zwei junge Samurai

Eine Geschichte von Annette Neubauer
mit Bildern von Astrid Vohwinkel

„Puh, ist der Weg steil", seufzt Mako.
„Ja, wenn es nur nicht so heiß wäre",
antwortet Taku seinem Freund.
Die beiden Samurai-Söhne sind
auf dem Weg nach Hause.
Jeden Tag müssen sie zum Kloster
gehen. Dort werden sie im Lesen
und Schreiben unterrichtet.
„Aber wenn wir richtige Krieger werden
wollen, dürfen wir nicht jammern",
fährt Taku fort.
„Ich weiß", antwortet Mako und stöhnt.

„Ob wir wirklich einmal mutige Samurai werden?", fragt Taku zweifelnd.
„Ich bestimmt!", antwortet sein Freund.
„Mein Vater ist der beste Kämpfer im ganzen Land. Bald werde ich genauso schnell mit den Waffen umgehen wie er."
„Unsinn! Mein Vater ist der tapferste Krieger, der je gelebt hat", entgegnet Taku.

„Trotzdem bin ich im Bogenschießen
viel besser als du!", behauptet Mako trotzig.
„Das bist du nicht!", sagt Taku beleidigt.
„Ich bin der bessere Schütze von uns beiden.
Das sagt auch unser Lehrer."
„Du lügst!", entgegnet Mako wütend.
Inzwischen haben die beiden eine Burg
erreicht. Sie ist von dicken Mauern umgeben.
Hier wohnen der Daimyo, der Fürst, und
auch die Samurai mit ihren Familien.
Die japanischen Ritter sind ausgebildete
Krieger. Aber wenn Frieden ist, arbeiten sie
als Beamte, Botschafter und Handwerker.

Schweigend gehen die beiden Jungen über die Brücke. Im Hof wartet bereits Meister Akio auf sie. Die Jungen verbeugen sich vor dem großen Krieger mit der geschorenen Stirn und dem schwarzen Zopf. Wie alle Samurai legt auch Akio seine Rüstung nur in Kriegszeiten an. Gewöhnlich trägt er eine Hoftracht, die aus einer Weste mit breiten Schultern, einer weiten Rockhose und einem Gürtel mit Schwertern besteht.

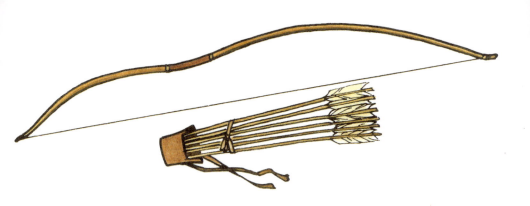

„Willkommen!", begrüßt der Meister
seine Schüler. Jeden Nachmittag
unterrichtet Akio die Jungen im
Bogenschießen, Fechten, Schwimmen
und Reiten.
„Wir wollen gleich mit unseren Übungen
beginnen", verkündet er.
Sofort laufen Mako und Taku zu einer
kleinen Hütte, um Pfeil und Bogen
zu holen.
„Jetzt werden wir sehen, wer von uns
beiden der bessere Schütze ist",
zischt Taku.
„Warte es nur ab", antwortet Mako zornig.
„Heute werde ich dich besiegen."

Mit Pfeil und Bogen in den Händen eilen Mako und Taku zurück zum Innenhof. Dort legen sie ihre Waffen vor ihren Füßen ab. Als Zeichen der Anerkennung verneigen sie sich wie richtige Krieger voreinander. Doch heute verbeugen sich die Jungen nur mit Widerwillen. Schnell greifen sie zu Pfeil und Bogen, um mit dem Wettkampf zu beginnen.

Den scharfen Blicken ihres Meisters
entgeht das Verhalten der Jungen nicht.
„Mako, du fängst an", fordert er seinen
Schüler mit ruhiger Stimme auf.
Mako spannt den Bogen. Er zielt.
Kurz darauf saust der Pfeil durch die Luft.
Doch er fliegt über die Scheibe hinweg
und bleibt in einem Strohdach stecken.
„So ein Mist!", ruft Mako und stampft
mit dem Fuß auf.
Ohne ein Wort des Tadels wendet sich
Akio zu Taku: „Du bist an der Reihe",
sagt der Meister gelassen.

„Jetzt werde ich es Mako zeigen",
denkt Taku.
Aufgeregt spannt er den Bogen.
Er kneift sein linkes Auge zu und zielt.
„Denke daran, ruhig und tief zu atmen",
mahnt ihn Akio.
Aber der Pfeil schwirrt bereits durch
die Luft, fliegt seitlich am Ziel vorbei
und landet auf dem Boden.
Enttäuscht lässt Taku die Schultern
hängen.

Leserätsel

Was gehört zur Hoftracht eines Samurai?

B Weste

A Krawatte

U Gürtel

P Turnschuhe

R Rockhose

G Schwerter

T Schirmmütze

Die Buchstaben neben den richtigen Antworten verraten dir, wo die Samurai wohnen:
Auf einer __ __ __ __.

Wie nennen die Samurai ihren Landesherren?

- B Dackelzoo
- A Domino
- U Daimyo

Die Samurai verneigen sich als Zeichen der

_ _ _ _ _ _ _ _ _ _ _ .

Akio blickt regungslos auf seine Schüler.
„Da ihr mit anderen Dingen als dem
Bogenschießen beschäftigt seid,
beenden wir für heute den Unterricht",
bricht er nach einer Weile das Schweigen.
Taku und Mako schauen ihren Meister
verwirrt an.
„Ich möchte euch stattdessen etwas
zeigen." Akio winkt mit der Hand.
„Kommt mit!"
Mit ungutem Gefühl folgen Taku und Mako
ihrem Meister über den Burghof.

Was hat Akio nur vor? Ohne sich umzublicken, steigt der Krieger die Eingangsstufen seines Hauses hinauf und betritt den Wohnraum. Mit festen Schritten durchquert er das Zimmer und bleibt vor einer geschlossenen Tür stehen. Mako und Taku halten den Atem an. Sie ahnen, dass Akio ihnen das Kostbarste zeigen wird, was ein Samurai besitzt.
Tatsächlich: Ihr Meister öffnet die Tür und tritt zur Seite. Mako und Taku trauen sich kaum näher zu kommen.

Mitten im Raum steht Akios Rüstung. Ihr Helm mit der silbernen Sichel funkelt ihnen entgegen. Als die Jungen die Maske anschauen, läuft ihnen ein Schauer über den Rücken. Zu unheimlich wirkt der lederne Gesichtsschutz!
Der Brustpanzer ist aus winzigen Stahlplättchen gefertigt, und unter dem breiten Gürtel blitzen zwei Schwerter. Es heißt, dass Akio mit ihnen fliegende Blätter in der Luft durchschneiden kann. So scharf sind die Waffen. Und so schnell ist die Hand ihres Meisters.

„Möchtet ihr auch einmal eine Samurairüstung tragen?", fragt Akio.
„Ja, Meister", antworten beide.
„Dann werdet ruhig wie der Wald, unbewegt wie der Berg und schnell wie der Wind", erklärt Akio.
„Aber wie?", fragt Mako. „Wir üben doch schon jeden Tag!"
„Denkt nicht daran, was der andere tut. Vertraut euren eigenen Kräften", fährt Akio fort.
„Meinst du, wir haben eben schlecht gezielt, weil wir wütend waren?", fragt Taku.
Akio schweigt.

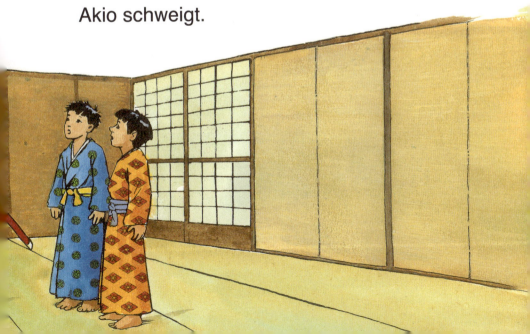

„Hast du Meister Akio verstanden?",
fragt Mako seinen Freund, als sie
wieder auf dem Burghof stehen.
„So richtig nicht", sagt Taku ehrlich.
Mako hebt seinen Bogen auf und blickt
sich um. Wo sind denn die Pfeile
geblieben?
„Sucht ihr etwas?", ertönt es hinter ihnen.
Taku und Mako wirbeln herum und
sehen Kenta, einen älteren Jungen,
der sie oft ärgert. Er hält ihre Pfeile
in der Hand.

„Wollen wir ein Wettschießen machen?",
fragt Kenta grinsend. „Wenn ich gewinne,
bekomme ich eure Pfeile!"
„Und wenn wir gewinnen?", fragt Taku.
„Dann bekommt ihr eure Pfeile!",
sagt Kenta und lacht.
„Das ist gemein!", sagt Taku empört.
Doch Mako greift nur wortlos zu seinem
Bogen. „Ich bin bereit", verkündet er.
Kenta reicht ihm einen Pfeil. Mako
spannt und zielt. Diesmal lässt er sich
Zeit. Dann saust der Pfeil los ...
und trifft die obere Hälfte der Scheibe.

„Nicht übel", sagt Kenta überrascht.
„Aber jetzt zeige ich euch, wie ein richtiger Samurai schießt."
Schon schnellt sein Pfeil durch die Luft.
Doch er trifft nicht besser als Mako.
„Jetzt du, Taku!", sagt Kenta mürrisch.
Eilig stellt sich Mako neben seinen Freund.
„Denk an Akios Worte", flüstert er.
Taku schließt kurz die Augen. Dann nimmt er Pfeil und Bogen. Ruhig blickt er zur Zielscheibe. Er atmet tief ein und aus und öffnet die Finger. Getroffen!
Mitten ins Schwarze!

„Wie hast du das gemacht?", fragt Kenta.

„Hör auf, uns zu ärgern, und wir verraten dir ein Geheimnis", antwortet Taku.

„Abgemacht!", willigt Kenta ein.

„Bevor die Sonne aufgeht, musst du dreimal auf den Pfeil spucken", erklärt Taku.

„Das machen alle tapferen Samurai so."

Mako nickt zustimmend. Verwirrt blickt Kenta von einem zum anderen. Dann dreht er sich um und läuft davon. Kaum ist er verschwunden, prusten die beiden Freunde laut los. Und Meister Akio, der von seinem Fenster aus alles beobachtet hat, schüttelt lächelnd den Kopf.

Leserätsel

Bringe die Sätze in die richtige Reihenfolge.

U Er spannt den Bogen und zielt.

R Taku nimmt Pfeil und Bogen in die Hände.

E Der Pfeil fliegt los.

H Er öffnet die Finger.

Richtig geordnet ergeben die Buchstaben eine Eigenschaft, die nicht nur für Samurai hilfreich ist: __ __ __ __.

Welches Wort gehört jeweils zum Bild?

S Pfeife
W Pfeil

I Bogen
U Bohne

N Burg
X Berg

D Schwert
O Schwein

Die Buchstaben neben den richtigen
Antworten ergeben das Lösungswort:

— — — —.

Infoseite

DIE SAMURAI

Das Wort Samurai bedeutet „Diener" oder „Begleiter". Als Krieger unterstanden die Samurai dem Daimyo, ihrem Fürsten. Die ersten Samurai gab es schon im 10. Jahrhundert. Stolz, Mut und großes Geschick im Umgang mit Waffen waren für sie besonders wichtig. Mit dem 19. Jahrhundert endete die Zeit der Samurai.

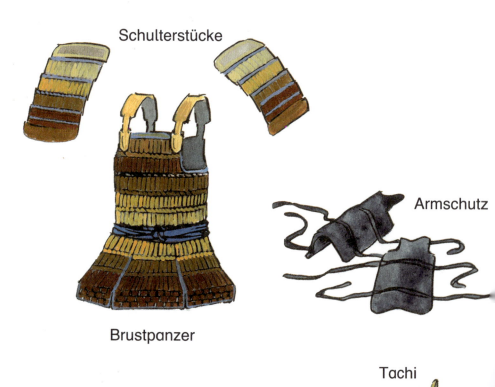

Schulterstücke

Brustpanzer

Armschutz

Tachi

Schwerter

Tanto

Lösungen

S. 70/71:
Zur Hoftracht eines Samurai gehören eine Weste, ein Gürtel, eine Rockhose und Schwerter.
Die Samurai wohnen auf einer BURG.
Der Landesherr heißt Daimyo.
Die Samurai verneigen sich als Zeichen der ANERKENNUNG.

S. 80/81:
Die wichtige Eigenschaft ist RUHE.
Lösungswort: WIND

Liebe Eltern,

alle Kinder wollen lesen lernen, aber das ist nicht immer einfach. Es ist wie mit dem Fahrradfahren: Man lernt es nur durch Übung – also durch das Lesen selbst.

Die Lesemaus zum Lesenlernen bietet Leseanfängern spannende Geschichten zum Selberlesen. Mit lustigen und knffligen Leserätseln können die Kinder ihre Lernerfolge selbst überprüfen. Außerdem gibt es in jeder Geschichte eine Doppelseite mit kindgerecht aufbereiteten Sachinfos.

Die Geschichten erscheinen in drei Lesestufen. Das ermöglicht das Lesenlernen in kleinen Schritten.

Die beliebtesten Geschichten erscheinen in diesem Sammelband und wecken die Lust der Kinder am Lesen und Mitdenken.

Ihnen und Ihren Kindern viel Spaß beim Vorlesen, Mitlesen und Selberlesen!

Die drei Lesestufen

Erste Geschichten für Leseanfänger
Bilder ersetzen Namenwörter
Große Fibelschrift

Einfache Geschichten für Erstleser
Klare Textgliederung, einfache Sätze
Große Fibelschrift

Kleine Geschichten für geübte Erstleser
Fließtext
Kurze Leseportionen

Alle Bücher haben Leserätsel zur Lernkontrolle und zusätzliche Infoseiten zum Thema.

Lesestufe 1

LESEMAUS

Für Leseanfänger

Band 312
ISBN 978-3-551-06312-0

Bilder ersetzen Namenwörter

Große Fibelschrift

zum Lesenlernen

Band 302
ISBN 978-3-551-06302-1

Band 307
ISBN 978-3-551-06307-6

Band 309
ISBN 978-3-551-06309-0

Band 310
ISBN 978-3-551-06310-6

Band 314
ISBN 978-3-551-06314-4

Band 317
ISBN 978-3-551-06317-5

Lesestufe 2

LESEMAUS

Für Erstleser

Band 404
ISBN 978-3-551-06404-2

Klare Textgliederung, einfache Sätze

Vor dem Stall fängt das Mädchen an Flecki zu striegeln.
Das wollte Conni eigentlich gerade machen. So was Blödes!
Wie zufällig schlendert sie an den beiden vorbei.
„Hallo!", ruft das Mädchen. „Du bist Conni, stimmt's? Ich bin Kim."
„Hallo", antwortet Conni knapp.
Dann geht sie weiter, als habe sie noch etwas Wichtiges zu tun.

Mit dem Hufkratzer säubert Kim Fleckis Hufe. Als sie damit fertig ist, nimmt sie das Halfter ab und legt geschickt das Zaumzeug an.
Dann legt sie die Satteldecke auf, streicht sie glatt und sattelt auf.

Große Fibelschrift

zum Lesenlernen

Band 401
ISBN 978-3-551-06401-1

Band 407
ISBN 978-3-551-06407-3

Band 411
ISBN 978-3-551-06411-0

Englische Ausgabe mit Vokabelhilfe

Band 412
ISBN 978-3-551-06412-7

Band 413
ISBN 978-3-551-06413-4

Band 417
ISBN 978-3-551-06417-2

Noch mehr Bücher gibt es unter www.lesemaus.de

LESEMAUS

Lesestufe 3

Für geübte Erstleser

Fließtext

Band 512
ISBN 978-3-551-06512-4

Eigentlich geht Michi gern in die Schule. Aber seit ein paar Tagen möchte er am liebsten zu Hause bleiben.
Er darf es niemandem sagen, aber er hat Angst. Da ist ein großer Junge. Der wartet auf ihn. Auf dem Schulweg. Fast jeden Tag. Auch an diesem Montag. Er lauert an der alten Mauer, wo niemand ihn sehen kann. Michi kennt ihn nicht. Er will ihn auch gar nicht kennen. Er möchte nur vorbei. Schnell vorbei, in die Schule. Aber der Junge lässt ihn nicht vorbei: „Stopp, du! Kein Durchgang!"

„Ich muss in die Schule", sagt Michi.
„Kein Durchgang, sag ich!"
Michi versucht an dem Jungen vorbeizulaufen. Aber der Junge hält ihn fest und schubst ihn zurück. Michi stolpert und fällt hin. Er tut sich an der Hand weh. Gleich muss er weinen. Aber das will er nicht. Nicht hier. Und nicht jetzt.
„Lass mich, du blöder ...!"
„Frech werden?" Der Junge schubst ihn wieder.
„Ich sag: Kein Durchgang!"
„Ich muss in die Schule!"
„Was zahlst du?"

3

Kurze Leseportionen

zum Lesenlernen

Band 502
ISBN 978-3-551-06502-5

Band 505
ISBN 978-3-551-06505-6

Band 506
ISBN 978-3-551-06506-3

Band 511
ISBN 978-3-551-06511-7

Band 514
ISBN 978-3-551-06514-8

Band 516
ISBN 978-3-551-06516-2

Noch mehr Bücher gibt es unter www.lesemaus.de